NOTICE

RENÉ-FRANÇOIS ROHRBACHER

Docteur en Théologie de l'Université catholique de Louvain

AUTEUR

DE L'HISTOIRE UNIVERSELLE DE L'ÉGLISE CATHOLIQUE

ETC.; ETC.

PARIS

IMPRIMERIE SIMON RAÇON ET Cⁱᵉ

RUE D'ERFURTH, 1

1856

NOTICE

SUR L'ABBÉ

RENÉ-FRANÇOIS ROHRBACHER

Docteur en théologie de l'Université catholique de Louvain,

AUTEUR DE L'HISTOIRE UNIVERSELLE DE L'ÉGLISE CATHOLIQUE,

ETC., ETC.

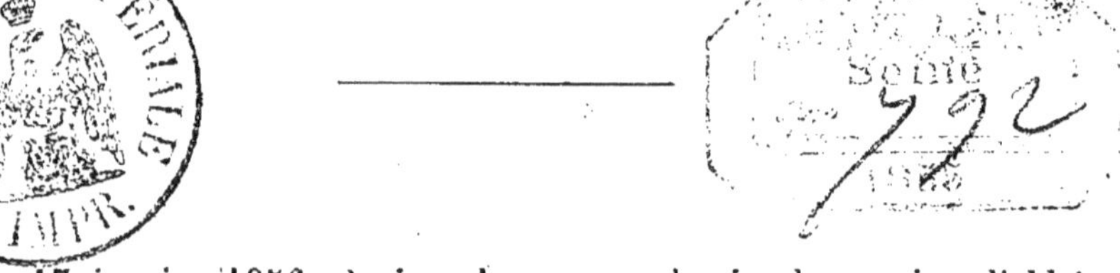

Le 17 janvier 1856, à cinq heures et demie du matin, l'abbé
R.-F. Rohrbacher a rendu sa belle âme à Dieu. Le pieux et savant auteur
de l'*Histoire universelle de l'Église catholique* avait consommé son œuvre; il était déjà mûr pour la couronne éternelle. Il pouvait dire : *Opus
consummavi quod dedisti mihi.., Nunc autem ad te venio* : J'ai achevé
l'œuvre que vous m'avez confiée; et maintenant je viens à vous,
ô mon Dieu ! Il est mort comme meurent les amis de Dieu, nous lais-
sant à tous un grand exemple à suivre et à imiter, et dans sa vie et dans
sa mort si véritablement chrétienne.

Le bruit ne s'est pas fait autour de ce grand nom et des remarquables ouvrages qu'il a publiés. Mais il est écrit : *La mémoire du juste ne
périra pas éternellement*. Et le temps de parler de lui est venu. Les amis
qui l'ont apprécié dans sa vie cachée, laborieuse et sainte, ont jugé
utile de faire connaître le secret de Dieu à son égard, et de révéler au
monde la *mission providentielle* qu'il avait reçue et qu'il a si fidèlement et si glorieusement remplie.

Tout le but de cette notice est de montrer comment Dieu avait choisi
l'abbé Rohrbacher pour ramener la vérité dans l'histoire.

Si les contemporains l'ont peu célébré, la postérité, moins ingrate, lui décernera les éloges les plus justement mérités pour ses œuvres, et surtout à cause des difficultés qu'il a dû surmonter pour les mener à fin. Mais, avant tout, on nous permettra quelques détails biographiques.

M. l'abbé René-François Rohrbacher est né à Langatte (département de la Meurthe), au diocèse de Nancy, le 27 septembre 1789. Il était fils légitime de Nicolas Rohrbacher, régent d'école de cette paroisse, et de Catherine Gantener. Il est donc mort à l'âge de soixante-six ans et cinq mois environ. Nous ne dirons rien de sa première éducation, si ce n'est qu'elle fut aussi chrétienne qu'on pouvait l'attendre de ses parents pieux et bons chrétiens. Il fit ses études comme il put ; son travail suppléa à tout ce qui manquait du côté des maîtres. Il est inutile de nous étendre sur ces temps.

Après avoir grandi, se sentant appelé par une vocation évidente à l'état ecclésiastique, Rohrbacher entra au grand séminaire de Nancy, et il y reçut les premiers ordres de la cléricature le 6 avril 1811. Un an après environ, le 21 mars 1812 ; il reçut le sous-diaconat à l'âge de vingt-trois ans.—On nous saura peut-être gré de reproduire ici un document retrouvé dans ses papiers, qui fait connaître les admirables dispositions où il était au moment de s'engager irrévocablement au service des autels. Les sentiments intérieurs de son âme font entrevoir sa persévérance pour l'avenir. Voici les passages plus importants :

Vous avez dit, mon divin Sauveur : *Si quis vult post me venire, abneget semetipsum, et tollat crucem suam quotidie, et sequatur me.* Oh! donnez-moi la force de me renier moi-même, de haïr et de crucifier ma chair, et faites-moi la grâce d'être fidèle aux résolutions suivantes, que je vous conjure de rendre efficaces par la vertu de votre croix :

1° D'abord, je mortifierai ma volonté par une stricte observance de tous les points de la règle, je rechercherai avec soin les occasions d'obéir aux autres ; et toutes les fois que je ne l'aurai pas fait ou que je le ferai avec difficulté, je dirai un *Pater* et un *Ave* et je m'imposerai une pénitence corporelle;

2° Toutes les fois que je sentirai une envie naturelle et inquiète de faire quelque chose qui n'est pas commandé ou que je peux omettre, je ne la ferai pas. Je tâcherai sans cesse de contrarier ma curiosité, mes répugnances, mes fantaisies;

3° A tous les repas, je mortifierai mon goût et mon appétit en quelque manière que ce soit, me rappelant souvent ce verset : *Dederunt in escam meam fel, et in siti mea potaverunt me aceto.*

4° Toutes les premières fois que je m'éveillerai la nuit, je sortirai de mon lit, et, me prosternant en terre, je dirai : *O Crux*, etc., et ferai quelque mortification corporelle.

Pour pratiquer l'humilité que je n'espère, ô mon Jésus! que de votre infinie miséricorde :

1° J'aurai toujours un grand soin qu'il n'y ait rien dans mon extérieur, ma démarche, mon ton, mes paroles, qui sente l'orgueil ou la vanité;

2° Je ne dirai jamais rien à ma louange, soit directement, soit indirectement, j'éviterai de parler de ma propre personne;

3° Toutes les fois qu'il m'arrivera quelque humiliation, je dirai un *Pater* et un *Ave* pour celui qui me l'a faite. Et si j'en ai été fâché, j'en dirai deux et je m'imposerai de plus une pénitence; j'aurai une affection et des attentions particulières pour celui qui m'aura humilié;

4° Au commencement de chaque exercice, j'élèverai mon âme à Dieu et je reconnaîtrai que je suis incapable et indigne d'être vraiment humble, et je dirai le verset *Miserere meî, Deus, secundum magnum misericordiam tuam.*

Et vous, mon Jésus crucifié, auteur et consommateur de ma foi, sans lequel je ne peux rien, qui m'avez tiré à vous par votre grâce, dès aujourd'hui je veux mourir entièrement au péché et ne plus vivre pour moi, mais pour vous seul, ô mon divin Jésus! qui êtes mort pour moi, ou plutôt, je ne veux plus vivre du tout, mais je veux, je désire, je vous demande instamment, par les douleurs de votre Croix, que vous viviez seul en moi; je ne veux plus savoir que vous et votre Croix, *nihil scire, nisi Jesum et hunc crucifixum.* Je ne veux plus rien apprendre, désirer, entreprendre qu'avec vous et par vous, *ut sive vigilemus, sive dormiamus, simul cum illo vivamus.* Seigneur Jésus, qui m'avez inspiré ces bonnes résolutions, faites-moi la grâce d'y être fidèle. Je veux vous suivre, *sequar te quocumque ieris,* non pas parce que je le veux ou par mes propres efforts, mais j'espère en votre ineffable miséricorde, *non volentis neque currentis, sed miserentis est Dei.*

Environ six mois après le sous-diaconat et le diaconat, qui lui furent conférés en deux jours, le 21 septembre 1812, l'abbé René-François Rohrbacher recevait l'imposition des mains de l'évêque et devenait prêtre. Par suite de la nécessité de ces temps, il n'avait pu consacrer que deux années aux études ecclésiastiques dans le grand séminaire. Nous notons cela pour montrer combien notre savant auteur a dû suppléer à ce qui avait manqué à sa première éducation. Lorsque nous le verrons dans la suite l'homme le plus distingué dans une des branches de la science sacrée, il nous sera facile de voir ce que peut une volonté résolue, et l'exemple que tous les prêtres peuvent trouver dans sa vie.

Nous faisons ici une nouvelle citation de ses papiers, pour faire mieux connaître les sentiments de piété de cet homme de Dieu.

Au nom de la sainte Trinité, Père, Fils et Saint-Esprit; sous l'invocation de Marie ma bonne Mère, de mes saints patrons, de tous les saints prêtres, de mon saint ange et de tous les saints, le 15 de septembre, l'an de grâce mil huit cent-douzième, je, R.-F. R., diacre par la grâce, mais indigne pécheur par mon orgueil, ma vanité, ma jalousie, ma présomption, suis entré en retraite au séminaire de Nancy, pour préparer, avec la grâce de mon Jésus, mon indignité inconcevable à la réception du sacerdoce.

O mon Dieu! pénétrez-moi de la crainte de vos terribles jugements, afin que j'emploie bien ces précieux instants, *confige timore tuo*. Brisez mon orgueil, videz mon cœur de moi-même afin qu'il soit prêt à recevoir abondamment votre grâce et que je n'aie plus d'autres pensées, d'autre désir, d'autre volonté que vous, mon Dieu, mon héritage, mon attente, ma seule confiance, mon tout. Sainte Vierge et tous les saints, obtenez-moi cette grâce.

O ma bonne et douce Mère Marie! on nous a parlé de votre bonté et de la dévotion que nous devons avoir envers vous; je me consacre de nouveau à votre service; je réciterai tous les jours de ma vie le chapelet en votre honneur, et je ferai, outre cela, quelque bonne pratique pour l'amour de vous. O ma bonne Mère! secourez-moi dans ce moment; je dois être sacré prêtre, ô ma Mère! faites que je devienne bon prêtre pour l'amour de Jésus et de vous, ou obtenez ma mort plutôt que d'être ordonné pour offenser Jésus et vous contrister. Je me remets totalement entre vos mains pour mon ordination; secourez-moi comme vous l'avez déjà fait si souvent. Je voue ma personne, ainsi que mon futur ministère, à votre sacré cœur et à celui de Jésus. Oh! souvenez-vous que jamais pécheur ne vous a invoqué en vain!

A cette époque, le besoin des prêtres était extrême. Il fallait répondre aux cris des populations qui réclamaient des pasteurs. L'abbé Rohrbacher, dix jours après son ordination, le 1er octobre 1812, était nommé vicaire de la paroisse de Wibersviller. Six mois après, son mérite reconnu le faisait appeler à une autre plus importante, celle de Lunéville.

Nous ne dirons rien de ses travaux dans le ministère paroissial, car ce n'est pas le but que nous nous sommes proposé. Ajoutons seulement qu'entraîné par son zèle brûlant pour le salut des âmes, l'abbé Rohrbacher devint, vers l'âge de trente ans, missionnaire diocésain. Il resta dans ce poste depuis 1821 jusqu'en 1826. En 1823, il fut nommé supérieur de la maison.

Nous allons ici le laisser parler lui-même, afin qu'il nous révèle le secret de Dieu qui lui manifeste enfin sa vocation, disons mieux, *sa mission*. L'œuvre de sa vie va commencer. Voici ses propres paroles:

Dans l'intervalle des missions que nous prêchions avec quelques confrères dans le diocèse de Nancy depuis l'an 1821, je me tenais au courant de ce qu'on publiait de bons ouvrages en France et en Allemagne. Je lisais le *Catholique de Mayence ou de Spire*, l'*Histoire de la religion de Jésus-Christ*, par Stolberg; la *Restauration de la science politique*, par de Haller. Ce dernier ouvrage n'était pas encore traduit en français, comme il l'a été depuis; j'écrivis à l'auteur pour savoir si je le comprenais bien. Il me répondit de

Paris le 14 mars 1823 : « De toutes les lettres qui m'ont été adressées au sujet de mon ouvrage de la *Restauration*, aucune ne m'a fait autant de plaisir que la vôtre, monsieur, parce qu'elle me prouve que vous avez bien saisi le principe et l'ensemble, chose assez rare même chez les lecteurs instruits…. Je voulais tracer d'une manière philosophique la nature et l'organisation d'un empire spirituel. Le magnifique exemple s'est trouvé sous mes yeux et la réalité a surpassé de beaucoup le modèle idéal de mon imagination. »

Cette lettre de M. de Haller me fit désirer de plus en plus qu'on pût présenter avec netteté, suite et ensemble, la substance de tout ce qu'on avait publié de bon, soit de nos jours, soit antérieurement.

Cependant M. F. de Lamennais était tracassé par le gouvernement, non pour ses idées philosophiques, mais parce qu'il défendait alors avec courage les doctrines et les prérogatives du saint-siége. *Je le voyais seul ou à peu près*. La nouvelle qu'il était traduit en police correctionnelle me détermina tout à fait à me réunir à lui dans ses combats pour l'Église. Le nouvel évêque de Nancy, monseigneur de Janson, y donna son consentement.

J'arrivai à Paris le jour même où M. de Lamennais parut devant le tribunal séculier pour avoir défendu la cause de l'Église. La suite de cette controverse me donna lieu d'écrire la *Lettre d'un anglican à un gallican* et la *Lettre d'un membre du jeune clergé à monseigneur l'évêque de Chartres*. A cette occasion, je parcourus la collection des conciles et quelques saints Pères. Je découvris bientôt qu'il y avait comme une infinité de choses omises, tronquées, mal représentées dans les histoires, au sujet des Papes et de l'Église romaine ; que d'en rectifier quelques-unes isolément dans des brochures détachées était un remède insuffisant ; que pour faire triompher la cause de Dieu et de son Église de toutes les erreurs et mettre les hommes de bonne volonté à même de s'entendre, il fallait présenter courageusement cette cause dans tout son ensemble, appréciant les faits et les doctrines particulières d'après la doctrine du saint-siége, règle une, connue et toujours la même. Le but et le résultat final de mes étude m'apparut alors clairement : je résolus de le poursuivre.

J'en parlai aux abbés F. de Lamennais et Gerbet, avec lesquels je demeurais en commun, ils furent du même avis. Quelques temps après, le premier reçut une lettre d'un ecclésiastique lyonnais, lui mandant que depuis plusieurs années il travaillait à une histoire ecclésiastique dans un sens meilleur que celle de Fleury, et lui demandait la permission de lui en envoyer le commencement. Tous les trois nous fûmes d'avis de voir le travail, car, s'il était bon, il était inutile qu'un autre le recommençât. Mais on trouva que c'était moins une histoire proprement dite, qu'un recueil de dissertations. Je m'appliquai donc définitivement à mon entreprise. En même temps, je compilai, pour la Société catholique des bons livres, deux petits ouvrages qui ont été réimprimés depuis : *Tableau des principales conversions qui ont eu lieu parmi les protestants depuis le commencement du dix-neuvième siècle, et motifs de ces conversions.*

Vers l'automne de 1827, je suivis l'abbé de Lamennais en Bretagne, où je restai jusqu'en 1835, dirigeant les études philosophiques et théologiques des jeunes gens qui se dévouaient à le seconder dans ses bonnes œuvres. Là, je posai en principe, avec le commun des théologiens, que l'Église catholique dans son état actuel remonte jusqu'à Jésus-Christ, et que de Jésus-Christ, dans un état différent, elle remonte, par les prophètes et les patriarches, jusqu'au premier homme qui fut de Dieu.

Non content de donner cette marche aux études théologiques que je diri geai, j'entrepris quelque chose de plus.

Depuis 1826, je travaillais à l'histoire de l'Église, la prenant seulement depuis Jésus-Christ, avec le dessein d'y joindre une simple introduction pour faire sentir que, dans le fond, cette histoire remontait jusqu'à l'origine du monde.

Bientôt ce qui n'avait été pour moi qu'une idée d'introduction me parut être un objet capital, comme l'Église catholique elle-même. Je crus devoir embrasser tous les siècles dans son histoire, à partir de la création du monde. Le titre qui m'a paru le mieux exprimer l'ensemble et le but de ce travail est : *Histoire universelle de l'Église catholique,* avec cette épigraphe tirée de saint Épiphane : *Le commencement de toutes choses est la sainte Église catholique.*

Telle est l'origine de ce vaste et savant ouvrage : *Histoire univer- selle de l'Église catholique,* 29 volumes in-8°, auquel l'abbé Rohr- bacher n'a cessé de travailler pendant les trente dernières années de sa vie. Dieu lui a donné d'en voir le succès, car la première édition était épuisée avant d'être terminée, et le succès ne s'est pas ralenti pour la seconde. Néanmoins cet ouvrage monumental, et si nécessaire pour remplacer l'histoire ecclésiastique de Fleury et celles des autres écri- vains gallicans, n'a pas été célébré par la presse, qui s'occupe de tant d'œuvres frivoles; mais en retour il a été vivement attaqué, et les atta- ques, quoique de peu de valeur, ont été pour l'auteur la cause de bien des tracasseries. C'est le caractère des œuvres des hommes de Dieu d'être persécutées, méconnues, oubliées. Toutefois la postérité les applaudit, et Dieu surtout les récompense. Mais il nous faut revenir un peu en arrière.

Quelque temps avant l'année 1826, époque où le pieux et savant abbé Rohrbacher prit la résolution de s'appliquer définitivement à l'en- treprise de sa vie, c'est-à-dire à son *Histoire universelle de l'Église ca- tholique* (pour ne pas parler de ses autres écrits quoique remarquables), il y avait un homme de génie, le comte Joseph de Maistre, qui écrivait ces paroles, dignes d'être gravées dans la mémoire de tous :

« Le clergé de France, qui a donné au monde pendant la tempête un « spectacle si admirable, ne peut ajouter à sa gloire qu'en renonçant « hautement à des erreurs fatales (le gallicanisme). Dispersé par une

« tourmente affreuse sur tous les points du globe, partout il a conquis
« l'estime et souvent l'admiration des peuples. Aucune gloire ne lui a
« manqué, pas même la palme du martyre.

« Que manque-t-il à tant de gloire? une victoire sur le préjugé. Tant
« que la grande pierre d'achoppement (le gallicanisme) subsistera dans
« l'Église, il n'aura rien fait, et bientôt il sentira que la séve nourri-
« cière n'arrive plus du tronc jusqu'à lui. Que si quelque autorité
« aveugle héritière d'un aveuglement ancien, osait lui demander un
« serment (au gallicanisme) à la fois ridicule et coupable, qu'il réponde
« par les paroles que lui dictait Bossuet vivant : *Non possumus, non
« possumus.* »

Or, si on veut savoir où en était dans ces temps l'ultramontanisme,
dont le célèbre de Maistre montre la *nécessité* pour le clergé de France,
il n'avait pour défenseur qu'un prélat, monseigneur d'Aviau, archevê-
que de Bordeaux, qui se contentait d'écrire des lettres secrètes au roi,
à ses ministres, aux écrivains gallicans, et un prêtre qui combattait publiquement et avec une indomptable énergie, il est vrai, mais qui allait
bientôt donner l'épouvantable scandale de la révolte envers le pape lui-
même. En même temps, M. de Frayssinous écrivait publiquement :
Soyons catholiques, mais restons gallicans; et le gouvernement exigeait
le serment de soutenir les doctrines gallicanes, et, enfin, pour couron-
ner l'œuvre, le ministre de la justice faisait traduire devant les juges
le seul prêtre qui défendait l'ultramontanisme, et le tribunal le con-
damnait, non pour outrage à l'autorité du roi, mais seulement pour
provocation à la désobéissance à la déclaration de 1682, qu'il décidait
correctionnellement être une loi de l'État. (*Hist. univ. de l'Église,*
t. XXVIII, p. 355.)

Les temps, il est vrai, sont changés; mais voilà ce qu'ils étaient.
Alors Dieu suscita un défenseur à l'ultramontanisme. Il parla au cœur
du missionnaire de Nancy, qui n'hésita pas à entreprendre la défense
des saines doctrines. Il vint auprès de M. de Lamennais, qui était seul
ou à peu près, le jour où il était traduit devant les tribunaux, comme
il nous l'apprend lui-même.

Cette conduite doit honorer M. l'abbé Rohrbacher devant la postérité.
Il a embrassé la défense des doctrines romaines par un acte généreux
et héroïque. Si l'abbé de Lamennais, aveuglé par l'orgueil, est tombé
du ciel comme Satan, c'est son affaire; mais la cause qu'il défendait
était juste en elle-même, et s'y associer lorsqu'il était persécuté est une
conduite que, pour notre part, nous ne savons trop louer et qui vient
de l'inspiration de Dieu. Pour nous, qui estimons que de la cause de
l'ultramontanisme dépend l'avenir de la France et de l'Europe, nous

croyons que M. l'abbé Rohrbacher a droit de vivre dans la mémoire des gens de bien. Aussi ce n'est pas sans une joie intime que nous retraçons ces lignes, heureux si elles peuvent servir à faire apprécier ce dévouement modeste, mais courageux, caché, il est vrai, mais qui est comme les premières assises d'un édifice admirable.

Quant à la valeur de l'ouvrage en lui-même, nous le croyons un monument; disons mieux, un chef-d'œuvre, malgré ses défauts. Notre conviction à cet égard ne repose pas sur notre appréciation personnelle, ce serait trop peu; elle est née du dépouillement d'un nombre très-considérable de lettres adressées à l'auteur des divers pays du monde catholique. Nous avons lu d'autre part les critiques adressées à l'auteur, et notre conviction est devenue plus forte que jamais.

Nous citerons ici un rapport officiel fait par des hommes qui n'étaient certes pas enclins à se laisser aveugler sur le mérite du livre. Voici leurs paroles : « L'*Histoire universelle* de M. l'abbé Rohrbacher, si intéres-
« sante sous tant de rapports, dans laquelle on trouve une vaste érudi-
« tion, des aperçus neufs et frappants, des idées grandes et nobles, un
« parfum de piété qui charme les cœurs en les portant à la vertu, des
« rectifications de faits que d'autres historiens avaient tronqués ou
« dénaturés, une narration qui plaît et qui rarement lasse le lecteur,
« un style qui, malgré ses nombreux défauts, réveille l'attention par
« une teinte d'originalité qui attache et intéresse; cette histoire, di-
« sons-nous, au moyen des corrections que nous avons indiquées, de-
« viendra un livre classique, et comme le manuel historique de tous
« les prêtres et de tous les élèves du sanctuaire. »

Nous ne saurions dire mieux, ni ajouter de nouveaux éloges à ceux que lui ont décerné les honorables signataires du rapport officiel que nous venons de citer. Nous ajouterons seulement que les corrections indiquées ont été faites, et que, du reste, elles se réduisent à presque rien. Quelle gloire insigne d'avoir donc pu écrire vingt-neuf volumes in-8° sur l'ensemble de l'histoire ecclésiastique sans tomber dans des erreurs de quelque gravité! Je dis ces mots à dessein, car l'auteur, ayant soumis son ouvrage à Rome, n'en reçut point d'autre observation que d'avoir ignoré une bulle de Benoît XIV, qui tranchait la question à l'égard des rites chinois et malabares. Quant aux critiques de M. l'abbé Caillau, dans la *Bibliographie catholique*, et de M. de Kersten, dans le *Journal littéraire* de Liége, on peut voir les réponses de l'auteur, t. XXIX. Elles ne laissent rien à désirer.

Nous n'ajouterons plus, pour bien faire saisir le point de vue de l'auteur, qu'un extrait de sa lettre au Souverain Pontife. Il y dit : « Les pa-
« roles de saint Bernard (de Consid...), nous les avons considérées comme
« une règle; et, nous devons cet hommage public à la vérité, malgré

« les nuages que l'impiété, l'hérésie, la prévention, n'ont cessé d'accu-
« muler sur la renommée de plusieurs Pontifes romains, l'impartiale
« histoire reconnaît aujourd'hui qu'ils ont été ce qu'ils devaient être,
« qu'ils ont fait ce qu'ils devaient faire ; et, chose étonnante ! ceux qui
« élèvent le plus hautement la voix, et qui vengent le plus glorieuse-
« ment certains Pontifes calomniés, ce sont des enfants égarés de
« l'Église, des protestants. *Si des enfants égarés le font, que ne doivent
« donc pas faire les enfants toujours fidèles ?*

« Pour nous, très-saint Père, c'est notre travail continu, ce sera le
« travail de toute notre vie. Prosterné à vos pieds, nous en offrons les
« prémices à Votre Sainteté, par elle à saint Pierre, et par saint Pierre
« à Jésus-Christ. »

La mission de l'auteur, pour écrire l'histoire au point de vue des
doctrines et des prérogatives du saint-siége, nous paraît évidente et in-
contestable. Monséigneur Villecourt, évêque de la Rochelle, aujour-
d'hui cardinal de la sainte Église romaine, lui écrivait, en 1850, une
réponse dans laquelle nous copions les passages suivants : « Une lettre
d'un homme de votre portée est une gloire pour celui qui la reçoit... »
Et plus bas : « Je ne m'explique, au reste, vos immenses travaux qu'en
me persuadant que vous êtes L'HOMME DE LA PROVIDENCE pour recher-
cher, trouver et publier des faits que nul autre peut être n'eût osé
aborder. » Ces mots valent le plus long panégyrique, et nous dispen-
sent de rien ajouter.

Quant à sa doctrine ultramontaine, les mots qui suivent suffiront :
« J'ai promis et je promets à Dieu la soumission la plus entière à tous
les décrets du saint-siége ; j'ai promis, et je promets à Dieu de défendre
les doctrines du saint-siége envers et contre tous. » (Tome XXVIII,
p. 376.) A ce sujet, nous remplirons une de ces dernières volontés en
déclarant ici qu'il a soumis son livre au jugement de notre saint-père
le Pape, et en première instance au jugement de son évêque, mais non
à celui des autres évêques, comme il semblerait résulter d'une lettre
insérée dans la *Voix de la vérité* en 1846. Mais celle-ci n'avait point
d'autre but que de provoquer des observations, comme il nous a été
dit ; aussi nous n'insistons pas.

L'abbé Rohrbacher disait plus vrai qu'il ne pensait lorsqu'il écrivait
au Souverain Pontife que son *Histoire universelle* serait le travail de
toute sa vie. Il est mort après y avoir travaillé pendant plus de trente
ans. Il se proposait encore bien d'autres travaux importants ; mais son
œuvre était faite, sa mission était remplie. Dieu l'a jugé digne de la
récompense.

Depuis plus de huit ans, il habitait au séminaire du Saint-Esprit à
Paris, consacrant tout son temps à l'étude et à la révision de ses ou-

vrages. Il s'était tellement affectionné à la congrégation du Saint-Esprit et du Saint-Cœur de Marie, qui lui donnait chez elle une hospitalité exceptionnelle, que l'une de ces dernières volontés formellement exprimée fut qu'il serait inhumé à côté du fondateur de cet institut, le vénérable M. Liebermann. Ainsi il a été fait. Nous ferons remarquer que ce courageux défenseur des doctrines romaines est mort la veille de la fête de la *Chaire de saint Pierre*, et ses funérailles ont été faites ce jour-là.

Ses œuvres continueront à faire le bien dans l'Église, tandis que son corps attend la résurrection générale, et que son âme, après avoir été purifiée, s'il était nécessaire, dans le purgatoire, possédera la gloire éternelle.

Nous ne pouvons mieux terminer cette notice qu'en reproduisant un article de l'*Univers*, par M. Louis Veuillot, qui a causé une profonde sensation. Le voici en entier, extrait du numéro du 23 janvier 1856.

L'abbé J.-A. BOULLAN,

Docteur en théologie.

On nous communique le testament du vénérable abbé Rohrbacher, qui vient de rendre saintement son âme à Dieu. Comme il a souverainement aimé l'Église, et n'a vécu et travaillé que pour elle, cette expression de ses dernières pensées contient à la fois la peinture de ses sentiments, la récapitulation de ses travaux et l'histoire de sa vie. Nous la mettons sous les yeux de nos lecteurs.

Au nom du Père, du Fils et du Saint-Esprit. Ainsi soit-il.

Je lègue mon âme à Dieu, qu'il veuille bien la recevoir dans son infinie miséricorde. *In te, Domine, speravi, non confundar in æternum.*

Je lègue mon corps à la terre de mon Dieu, en attendant la résurrection générale. *Credo resurrectionem mortuorum.*

Je soumets d'esprit et de cœur au jugement du Saint-Siège, c'est-à-dire de notre Saint-Père le Pape, tout ce que j'ai écrit et tout ce que j'écrirai. *Ubi est Petrus, ibi Ecclesia :*

1° Le *Catéchisme du sens commun.* Dans les deux premières éditions, qui sont identiques, cet opuscule expose l'état de la controverse tel que je le concevais alors, plutôt que des idées définitivement arrêtées. La 3ᵉ édition, entièrement refondue et considérablement augmentée, publiée par l'abbé Migne, en 1842, a pour but d'éclaircir les questions fondamentales entre la raison et la foi, la philosophie et la théologie; afin que les catholiques puissent s'entendre à cet égard et marcher désormais à l'ennemi, sans s'exposer à tirer les uns sur les autres. D'après les découvertes que j'ai faites sur le vrai système de Descartes touchant la certitude, une nouvelle édition du *Catéchisme du sens commun* doit paraître ces jours-ci, 23 février, sous ce titre : *Catéchisme du sens commun et de la philosophie catholique,* quatrième édition.

2° *Lettre d'un membre du jeune clergé à Monseigneur l'évêque de Chartres.* Elle a été réimprimée dans un journal.

3° *Lettres d'un anglican à un gallican.* Réimprimées dans un journal.

4° *La Religion méditée.* Seconde édition.

5° *Des rapports naturels entre les deux puissances.*

6° *De la grâce et de la nature.*

7° *Motifs qui ont ramené à l'Église catholique un grand nombre de protestants et autres religionnaires.* 3ᵉ édition.

8° *Tableau des principales conversions,* etc., 2ᵉ édition. J'en ai préparé une troisième.

9° *Histoire universelle de l'Église catholique,* en 29 volumes in-8°. L'impression, commencée à Nancy le 13 avril, fête de saint Justin, 1842, a été terminée au commencement de 1849. La seconde édition, commencée à Paris en décembre 1849, a été terminée en avril 1853.

10° *Vie des Saints pour tous les jours de l'année,* à l'usage du clergé et du peuple fidèle. 6 volumes in-8°, 1852.

11° En manuscrit : *Justification des doctrines de M. de Lamennais contre une censure imprimée à Toulouse.* Ce travail a été fait au mois de décembre 1832, après la première encyclique de Grégoire XVI, lorsque M. de Lamennais fut revenu de Rome, et que le Pape lui eut fait témoigner être content de sa soumission. Comme je n'ai pas revu depuis ce travail avec attention, j'ignore s'il y a quelque chose de contraire à la seconde encyclique. Quant aux doctrines philosophiques, mon dessein formel était de les tourner (et par conséquent les idées de M. de Lamennais, qui approuvait tout ce travail) dans le sens qui s'est trouvé celui de la seconde encyclique. Ce travail devait être publié : comme les esprits commençaient à se calmer à cette époque, on crut plus sage de ne le publier pas. Il sera bon de conserver le manuscrit comme renseignement, d'autant plus qu'il en reste une copie entre les mains de M. de Lamennais. — Pour M. de Lamennais lui-même, Dieu veuille avoir pitié de lui et lui redonner la foi. Par celles de mes lettres qui se trouvent à la fin des 20 et 21ᵉ volumes de l'*Histoire,* on sait quelle a été ma conduite à cet égard. — Le 1ᵉʳ décembre 1852, je lui ai fait envoyer un exemplaire de la seconde édition de l'*Histoire,* après avoir su par une lettre de sa main que cela lui ferait plaisir. Je n'en ai pas eu de nouvelles. — Dans sa dernière maladie, je me suis transporté à son logis ; des messieurs qui se trouvaient là me dirent qu'on lui parlerait de ma visite, et que, sans doute, il me recevrait dans huit jours. Je retournai : j'y trouvai son neveu, Ange Blaise, qui promit de m'écrire quand son oncle serait en état de me recevoir. Je n'ai pas reçu d'avertissement, et

M. de Lamennais est mort sur les entrefaites. Écrivain en deux tomes : le premier dit *oui*, le second dit *non;* valeur totale, *zéro*.

Après être entré dans les détails de son testament, M. Rohrbacher finit en disant :

Telles sont mes dernières volontés, que je veux être fidèlement et ponctuellement exécutées. *Pater, in manus tuas commendo spiritum meum!*
Jésus, Marie, Joseph, recevez-moi à jamais dans votre sainte famille!
Saints anges qui m'avez tant aidé à faire le bien que j'ai pu faire, aidez-moi surtout à bien finir! Mes saints patrons, soyez surtout mes patrons et mes protecteurs à mon heure dernière! Saints anges de mes neveux et nièces, conservez-nous tous à Dieu pendant la vie et à la mort.
Clos et signé au séminaire du Saint-Esprit, à Paris, le 24 février 1855, fête de saint Mathias, apôtre.

L'abbé Rohrbacher cachait sa vie; le petit nombre de ceux qui l'ont vu dans sa cellule, encombrée de livres, croiront, en lisant ce testament, le revoir et l'entendre tel qu'il leur apparaissait, rude d'aspect, doux de cœur, franc de langage, plein de foi, de courage et d'humilité. Il était au même degré laborieux, savant et désintéressé, ne demandant à ses travaux que d'atteindre le but pour lequel il les entreprenait, c'est-à-dire le triomphe de la vérité, la gloire de Dieu et de son Église; profondément indifférent pour lui-même à la fortune et à la célébrité. Les profits qu'il a tirés de ses livres ont été consacrés partie à l'éducation de ses neveux et nièces, dont il était l'unique appui, et qu'il a établis suivant l'humilité de leur condition première; partie à d'autres bonnes œuvres. Pour lui-même, il s'était réduit au nécessaire d'un prêtre qui aime la sainte pauvreté. Quant aux distinctions, il n'en a reçu ni songé à en désirer d'aucune sorte. C'est par un hasard dont il fut prodigieusement étonné que cet homme qui savait parfaitement l'hébreu, le grec, le latin et l'allemand, qui avait écrit de savants opuscules de philosophie et qui venait d'élever ce beau monument de l'*Histoire universelle de l'Église*, unique dans notre littérature, se trouva un jour membre d'un Académie portugaise. La seule chose qu'il ambitionnait et qui pût le toucher, était d'apprendre qu'on lisait son *Histoire* au réfectoire, dans quelque séminaire ou communauté religieuse; et, certes, ce n'était pas l'amour-propre de l'auteur qui se réjouissait alors, mais le cœur du prêtre dévoué à la sainte Église catholique, apostolique, romaine.
Cet immense travail, auquel l'abbé Rohrbacher s'était préparé par de puissantes études, sans prévoir même qu'il dût un jour l'entrepren-

dre, exigeait la réunion des qualités rares dont Dieu l'avait pourvu. Il fallait à la fois une grande indépendance d'esprit envers tous les systèmes et un profond esprit de soumission envers l'Église, une prodigieuse aptitude au travail et un absolu détachement de toute ambition mondaine et de toute vanité littéraire. Si l'auteur, donnant les mêmes soins à la forme qu'au fond de ses idées, s'était appliqué à polir son style, il n'aurait jamais fini; et peut-être que le désir de contenter les opinions, si voisin de la crainte servile de leur déplaire, l'aurait engagé à biaiser en beaucoup de rencontres où il a parlé au contraire avec une rude mais précieuse sincérité. Il s'en faut, au surplus, que l'*Histoire universelle* manque de mérite, même littéraire. Le plan, admirablement conçu, est exécuté avec une netteté admirable; toutes les parties en sont bien liées. A travers des négligences et des âpretés de style, qui ne nuisent jamais à la vigueur du récit, on trouve fréquemment des pages de la plus haute éloquence, tout à fait dignes de cette vaste conception, qui a pour but de nous montrer Dieu gouvernant le genre humain depuis l'origine jusqu'à la fin des temps, par le moyen de son Église divinement inspirée. Tel est en effet le plan de l'ouvrage, exprimé dans cette parole de saint Épiphane, que l'auteur a prise pour épigraphe : *Le commencement de toutes choses est la sainte Église catholique.* On y voit figurer, dans un ordre merveilleux, les œuvres de l'esprit de vérité et les œuvres contraires de l'esprit de mensonge ; on découvre les mobiles; on assiste aux innombrables péripéties de ce grand combat, qui a commencé avec le premier homme et qui ne finira qu'au dernier jour du monde. L'histoire de l'Église, c'est l'histoire de l'humanité, mais illuminée par l'intervention manifeste de la Providence. Là donc paraissent tout ce que l'humanité a compris de plus grand, tout ce qu'elle a produit de plus beau, tout ce qu'elle a voulu de plus saint, et tout ce qu'elle a cru de plus insensé, tout ce qu'elle a entrepris de plus coupable, tout ce qu'elle a essayé de plus pervers; la doctrine de lumière avec ses saints et ses fidèles, la doctrine d'erreur avec ses grands hommes et ses esclaves; les tentatives multipliées et les sanglantes victoires des fils de Satan, les entreprises sublimes, les héroïques résistances, les triomphantes défaites des enfants de Dieu. L'Église romaine est comme un grand arbre, secoué périodiquement par d'effroyables tempêtes qui le dépouillent de ses feuilles et qui brisent et dispersent au loin ses rameaux; mais ces rameaux brisés prennent racine là où le vent les porte, tandis que le tronc lui-même, toujours indestructible, se couvre d'une floraison nouvelle et semble moins mutilé que rajeuni. Nulle part, cette miraculeuse vie, ce continuel rajeunissement, cette perpétuelle résurrection de l'Église, témoignage suprême et suprême mystère de l'histoire, ne sont mieux présentés et mieux expliqués que dans le livre de l'abbé Rohrbacher. Il en a compris tout l'enseignement, et l'on peut dire toute la poésie, puisque c'est là par excellence le poëme épique de l'humanité, dont toute autre conception ne sera jamais qu'un sommaire stérile ou un épisode incomplet. Et telle est la beauté et la puissance de ce livre, qu'aucun esprit juste ne le lira sans se prendre d'un amour éternel pour l'Église de Jésus-Christ, qui est la société des bons, des justes et des grands, la cité de la lumière et de l'amour, où l'homme, par la foi et par les œuvres, trouve une vision et une possession anticipées de Dieu.

Ce livre était l'œuvre que l'abbé Rohrbacher avait à faire ; il lui fut donné de l'accomplir et d'en voir le succès ; succès d'ailleurs tel qu'il le souhaitait et tel qu'il devait être. L'*Histoire de l'Eglise*, commencée en 1842, est aujourd'hui à sa seconde édition, presque épuisée. Les catholiques s'occupèrent peu de la célébrer; l'esprit rationaliste et gallican prit plaisir à la poursuivre de mesquines critiques, auxquelles l'auteur ne répondit qu'en soumettant son livre au jugement du Saint-Siége. Le monde, qui fait tant de bruit autour de tant de faibles travaux sans leur demander même le frivole mérite de la forme, et qui a tant vanté, par exemple, le mensonger fatras de Sismondi, parut ignorer jusqu'à l'existence de ce monument grandiose, dont une partie au moins, celle qui concerne le moyen âge, est traitée avec une largeur et une science historique supérieures à tout ce que les modernes ont le plus célébré.

Quand son *Histoire de l'Eglise* fut achevée, l'abbé Rorhbacher sentit graduellement diminuer ses forces. Dieu, néanmoins, lui laissa l'illusion de croire qu'il pourrait le servir encore; et, tout en composant une *Vie des Saints*, distribuée pour tous les jours de l'année, il méditait des travaux philosophiques et historiques étendus. Il voulait surtout reprendre à fond les erreurs de certains historiens modernes, dont sa droiture détestait la fausse impartialité. Huit jours avant sa mort, ayant eu quelques-uns de ces moments de mieux qui se rencontrent dans les maladies de langueur, il nous disait : « Ce sont là les ennemis qu'il faut maintenant combattre, et, si Dieu nous rend la santé, tout vieux que nous sommes, nous nous mettrons à l'œuvre, et nous compléterons ainsi notre *Histoire de l'Eglise*. J'ai à faire..... Mais pour vous conter cela il faudrait du temps... et de la respiration ! Attendons la volonté de Dieu. »

La volonté de Dieu était qu'il reçût sa récompense, et il l'avait bien gagnée. Depuis quelque temps déjà sa vie n'était qu'une longue prière; il est mort en priant. Dans les derniers jours, il ne voulait pas se séparer de son bréviaire, même lorsque sa vue, déjà presque éteinte, ne lui permettait plus d'y lire. Il le tenait sur ses genoux, ou le faisait poser sur sa poitrine. Quand sa mémoire semblait voilée comme ses yeux et glacée comme ses mains, les prières de l'Église sortaient encore de sa bouche. Il oubliait le nom de ses amis et les faits qui venaient d'arriver; mais il savait toujours les psaumes par cœur, et il les récitait avec les témoins qu'édifiait son agonie.

Il avait cru qu'il mourrait le 10 janvier. Le soir de ce jour-là, M. l'abbé Bouix, son ami, lui ayant suggéré cette oraison : *Amo te, Domine, amem ardentius;* il répondit : « Ce n'est pas assez, il faudrait aimer Jé-« sus avec son cœur à lui. » Il ajouta : « J'avais proposé au bon Dieu « de mourir aujourd'hui à midi, parce que c'est l'heure où il est allé « au ciel. J'avais prié l'ange de la mort d'accompagner mon âme et de « l'introduire dans le sein des miséricordes infinies. »

Un des jeunes ecclésiastiques qui avaient eu le bonheur d'être choisis pour le servir dans sa maladie lui raconta qu'il venait de faire une longue promenade avec ses compagnons. L'abbé Rohrbacher sourit. « Vous avez été bien loin, lui dit-il ; avez-vous fait un pas pour l'éter-« nité ? »

On a noté les derniers murmures et les derniers bégayements de cette haute intelligence, lorsqu'elle semblait déjà, par intervalles, envahie de ces ténèbres d'un instant qui nous cachent les choses humaines avant de se dissiper pour jamais devant les choses de Dieu. « Mon Dieu, mon « Dieu, disait-il, faites-moi miséricorde; ainsi soit-il ! — Délivrez-moi « et prenez-moi dans l'esprit de votre Église ! — Je vous ai prié de me « recevoir à l'heure où vous êtes mort, ô Jésus! exaucez-moi ! — *Mater* « *misericordiæ, salus infirmorum, ora pro nobis !* — Mon Dieu, recevez « mon âme en votre cœur compatissant. — *Miseremini saltem vos,* « *amici mei.* — *Auxilium Christianorum !* — *In te, Domine, speravi,* « *non confundar in æternum !* — Jésus, Marie, Joseph, cœur agonisant « de Jésus, ayez pitié de moi. — *Ora pro nobis, sancta Dei genitrix, ut* « *digni efficiamur promissionibus Christi.* » Comme on lui demandait s'il faisait volontiers à Dieu le sacrifice de sa vie, il répondit : « Notre-« Seigneur, le premier, a fait le sacrifice de la sienne : comment ne lui « abandonnerais-je pas le peu de jours qui pourraient encore me rester « à vivre! Mon Dieu, ayez pitié moi; et vous, monsieur l'abbé, priez « pour moi.—*Dominus det nobis suam pacem et vitam æternam, amen.* « — O Marie, conçue sans péché, priez pour moi qui ai recours à vous! « — M. de Lamennais s'est-il confessé avant de mourir? Où est son « âme? Mon Dieu, ayez pitié de moi, mon Dieu! mon Dieu! — Sainte « Mère de Dieu, ayez pitié de moi! — Monsieur, dites à ces messieurs « que je suis toujours très-attaché à l'Église romaine et au souverain « pontife. »

Telles furent les dernières paroles de l'abbé Rohrbacher. « La mort, dit Bossuet, révèle le secret des cœurs. » Il s'endormit, et ne se réveilla de ce paisible sommeil que pour rendre doucement le dernier soupir.

Ses obsèques ont été célébrées dans la chapelle du séminaire du Saint-Esprit, corporation qui lui était chère par son profond attachement pour le Saint-Siége, et au sein de laquelle il avait trouvé une hospitalité pleine de respect et de tendresse. Monseigneur l'évêque de Nancy présidait la cérémonie, tenant à honneur de rendre cet hommage au vertueux prêtre qui fut une des gloires de son diocèse. Le savant et pieux évêque de Quimper, quoiqu'il n'eût pas connu personnellement M. l'abbé Rohrbacher, avait voulu y assister. Le vénérable curé de Notre-Dame-des-Victoires, le R. P. Provincial des Capucins, accompagné d'un de ses religieux, deux Pères de la Compagnie de Jésus et MM. les abbés Gaume s'étaient joints au séminaire du Saint-Esprit, réuni tout entier. Le reste de l'assistance se composait de cinq ou six laïques. C'était bien peu pour un homme qui a si saintement vécu et pour l'auteur d'un si beau livre ; et il y avait loin de là à la foule qui entoure ordinairement les restes de ceux qui se sont consacrés aux travaux de l'esprit. Ces jours derniers, six ou sept mille personnes, dit-on, suivaient au cimetière le cercueil d'un artiste célèbre. Au premier moment, cette solitude autour de l'historien de l'Église serrait le cœur. Mais quoi ! dans le cours de sa laborieuse vie, l'abbé Rohrbacher ne s'était pas un instant proposé de faire quoi que ce fût pour ce qu'on appelle le monde ; il était donc naturel que le monde et tout ce qui est du monde ne lui rendît rien. Heureux ceux qui ont su mériter de tels dédains et de tels oublis ! ils se présentent devant Dieu les mains pleines d'œuvres qui n'ont pas reçu leur récompense !

Louis Veuillot.

Paris, 27 janvier 1856.

PARIS. — IMPRIMERIE SIMON RAÇON ET COMP., RUE D'ERFURTH, 1.